ऐसे भी हम क्या !
ऐसे भी तुम क्या !

ऐसे भी हम क्या!
ऐसे भी तुम क्या!

नागार्जुन

वाणी
प्रकाशन

प्रकाशन के उत्कृष्टतम 61 वर्ष

vaniprakashan.com

सजिल्द पहला संस्करण : 1985
सजिल्द दूसरा संस्करण : 1999
सजिल्द तीसरा संस्करण : 2024

वाणी प्रकाशन

4695, 21-ए, दरियागंज, नयी दिल्ली-110 002

फ़ोन : +91 11 23273167, 23275710

शाखाएँ

अशोक राजपथ, पटना-800 004, बिहार
कॉफ़ी हाउस कैम्पस, महात्मा गांधी मार्ग, प्रयागराज-211 001, उत्तर प्रदेश
महात्मा गांधी अन्तरराष्ट्रीय हिन्दी विश्वविद्यालय, वर्धा-442 001, महाराष्ट्र

sales@vaniprakashan.in
vaniprakashan@gmail.com

Aese Bhee Ham Kya! Aese Bhee Tum kya!
by Nagarjun

ISBN : 978-93-6287-736-9
Poetry Collection

मूल्य : ₹ 395

नरूला प्रिंटर्स, दिल्ली-110 032 में मुद्रित

वाणी प्रकाशन का लोगो मक़बूल फ़िदा हुसेन की कूची से

इस संग्रह में '81 से लेकर '83 तक की कुछ कविताएँ हैं। घुमन्तू कवि की डायरी/नोट बुक प्राप्त करना सहज नहीं है। अभी भी कापियाँ खोती रहती हैं।

संग्रह के लिए पत्र-पत्रिकाएँ ही आधार हैं हमारे पास। उन सभी पत्र-पत्रिकाओं के प्रति हम आभारी हैं, जिनसे रचनाएँ हमने संकलित की हैं।

पाठान्तर या पाठभेद की संभावना बनी हुई है—लाचारी है हमारी।

—**शोभाकान्त**

क्रम

वो हमें चेतावनी देने आये थे

मध्य रात्रि में,
पहले तो
कुपित स्वरों की मिश्रित अनुगूंज
सुनायी पड़ी...
वो अनुगूंज पास आती गयी
बिल्कुल करीब आ गयी...
कि यक-ब-यक प्रगट हुए
चार-पाँच ख़ूंखार चेहरे—
भीम-भयंकर
कद्दावर काठी थी उनकी !

'क' आकृति वाला पहला बोला :
"जाने कब से तू
हमारी ऐसी-तैसी करता आया !
तेरी करतूत अब बरदाश्त नहीं होती
बोल क्या करूँ तेरा ऽऽऽ..."

'स' आकृतिवाला दूसरा गर्जा...
(वो और भी तैश में था)
"करना क्या है !
गला घोंट दे साले का ऽऽ...

तीसरे की आकृति 'प' जैसी थी
उनमें वही थोड़ा सभ्य लगा...
उसकी भाषा भी शिष्ट प्रतीत हुई···
वो कह रहा था :
"आप तो काफी समझदार हैं !
हमारे प्रति आपके आचरण
इतने अ-शोभन क्यों हैं ?
जरा खुद ही सोचिए तो ऽ ऽ
आखिर कब तक कोई चुप रहे ?
सहनशीलता की भी एक सीमा होती
सोचिए तो खुद ही..."

आखिर में 'ज' आकृतिवाला
सामने आया...
उसने दाँत पीसते हुए कहा :
"साले, हमें सब पता है,
कहाँ-कहाँ जाता है तू !
भोपाल, जयपुर, पटना, चंडीगढ़,
लखनऊ, शिमला, नयी दिल्ली...
तेरे सारे ठौर-ठिकाने
हमें मालूम हो चुके हैं
बोल क्या करें तेरा ?"

अपना तो पसीना छूट रहा था...
घिग्घी बँध गयी थी...
साँप सूंघ गया था...

फिर हुआ यही कि
उन सबने थूका
मेरी तरफ मुंह करके...
और, यह कहते हुए
अँधेरे में गुम हो गये :

"बस, अभी इतना काफी है ।
अगली बार इसकी खबर लेंगे !"

दरअसल यह सब
एक डरावना सपना था
मगर अपना तो
सचमुच बुरा हाल था
प्यास के मारे गला सूख रहा था...
थर्मस से पानी निकाल कर
हमने दो बार पिया...
और बाकी रात बैठे रहे !
सोचते रहे, सोचते रहे :
क्रांति, समता, प्रगति, जनवाद
—आजीवन हमने
इन शब्दों से काम लिया है !
वो हमें चेतावनी दे गये हैं !

क्या हम…

क्या, निकट भविष्य में हम रेंगकर चलेंगे ?
क्या, निकट भविष्य में हम अपनी थूक चाहेंगे ?
क्या, हम आगामी वर्षों में
अपने दोनों कान पकड़कर
दंड-बैठक लगाएँगे ?
क्या, हम आँखें मूँदकर
उनकी हर बात पर हामी भरते जाएँगे
क्या, हम डर के मारे
हमेशा के लिए गूँगे हो जाएँगे
क्या, वे हमें ढोर-डंगर की तरह
डण्डे दिखा-दिखाकर हाँकेंगे ?
प्रगतिशील पार्टियों के दलपति तक
हमसे ठकुर सुहाती चाहते हैं
अपनी नुक्ताचीनी सुनकर
वे अन्दर ही अन्दर बुरा मान जाते हैं
आपस में फुसफुसाते हैं :
"इसके दिलो-दिमाग के अन्दर
गोवर भर गया है—
छोड़ो भी, करने दो
सी०आई०ए० का हाथ मजबूत…
छोड़ो भी, पागल कुत्तों की तरह
भौंक-भौंककर मर जाएगा…"

तेरी खोपड़ी के अन्दर

गले से
रुद्राक्ष की लम्बी माला
लटक रही थी
जोगिया कलर वाले
कुर्ते पर...
दाहिने कान से
लाल फूल अटका पड़ा था,
चमक रहा था भाल पर
चन्दन का पीला तिलक...

वो अपना रिक्शा
मेरे निकट ले आया
—"नमस्ते बाबा जी !"
संजीदगी में बोला—
"किधर को ले चलूं बाबा जी ?"

मैं उसको गौर से देखने लगा
वो अच्छा-भला युवक था,
गंदमी सूरत का दुबला-पतला !

बड़ी-बड़ी आंखें, सुरमई...
चौड़ी-पेशानी पर

चमक रहा था चंदन का टीका
लूंगी पीली थी
पैर खाली थे...

"चलो बाबा जी,
किधर ले चलूं ?
छीपी तालाब[1] ?
बेगम पुल[2] ?..."

कि इतने में
एक और युवक
इन कानों में
फुसफुसा के कह गया—
"खबरदार यह मुसलमान है...
इसके रिक्शे पर
कभी ना बैठना आप !"

मगर अपना साथी
अ० अ० बोला—
"हम इसी का रिक्शा लेते हैं।"
हमने उससे कहा—
"हॉस्टल ले चलो,
हाँ-हाँ, मेरठ कालेज हॉस्टल।"

हमें हॉस्टल के गेट पर
पहुँचाकर
निहायत नरम आवाज में
वो कहने लगा—
"बाबा जी, हम अब चुटैया भी रखेंगे
आठ-दस रोज की
भुखमरी के बाद
हमारे अन्दर
य' अक्किल फूटी है !

"बाबा जी,
रुदराछ के मनके
अच्छी मजूरी दिला रहे हैं

"बाबाजी, अब हम
चुटला भी रखेंगे माथे पे
अब हम चन्दन का टीका भी
रोज लगाते रहेंगे...
बाबाजी, अब हम
अपना नाम भी तो
'परेम परकास' बतलाते हैं..."

वो अपना रिक्शा लेकर
वापस जा रहा था...
उसने हमारी बातें सुन ली थीं
जभी तो
अपना 'वक्तव्य'
सूत्र रूप में
हमारे सामने रख गया था !

अपना रिक्शा लेकर
प्रेम प्रकाश जा रहा था
और हम दोनों
मिनटों उसे जाते हुए
देखते रहे...

....

यों तो वो
कल्लू था—
कल्लू रिक्शावाला
यानी कलीमुद्दीन...
मगर अब वो
'परेम परकास'

कहलाना पसन्द करेगा...
कलीमुद्दीन तो
भूख की भट्ठी में
खाक हो गया था

"जियो बेटा प्रेम प्रकाश !
हाँ-हाँ, चोटी जरूर रख लो।
और हाँ, पूरनमासी के दिन
गढ़[3] की गंगा में डूब लगा आना !
हाँ-हाँ तेरा यही लिबास
तेरे को रोजी-रोटी देगा !
सच, बेटा प्रेम प्रकाश
तूने मेरा दिल जीत लिया !
लेकिन तू अब
इतना तो जरूर करना
मुझे उस नाले के करीब
ले चलना कभी
उस नाले के करीब
जहाँ कल्लू का कुनबा रहता है !
मैं उसकी बूढ़ी दादी के पास,
बीमार अब्बाजान के पास
बैठकर चाय पी आऊँगा कभी !
कल्लू के नन्हे-मुन्ने
मेरी दाढ़ी के बाल
सहलायेंगे...और

"और ?
"और तेरा सिर !..."
मेरे अन्दर से
एक गुस्सैल आवाज आयी...
—बुडढे, अपना इलाज करवा !
तेरी खोपड़ी के अन्दर

गू भर गयी है !
खूसट कहीं का !
कुल्लू तेरा नाना लगता है न ?
खबरदार साले
तुझे किसने कहा था
मेरठ आने के लिए ?..."

लगता है
वो गुस्सैल आवाज
आज भी कभी-कभी
सुनाई देती रहेगी...

1-2. मेरठ के मुहल्ले।

3. जिला मेरठ में गंगा तटवर्ती एक जगह। यहाँ स्नान के लिए लाखों की भीड़ जुटती है।

शाबाश महान अभिनेत्री

शाबाश !
यह अभिनय तो
कमाल का रहा आपका
दुख का ऐसा मंचन
दर्शक-समुदाय
पहली बार देख रहा था...
वो हक्का-बक्का हो रहा था...
भाव-विमुग्ध, गूंगे बेचारे !
श्रद्धालु, सरल, सामान्य-जन !
होली के दिन उमंग में
गुलाल का टीका लगाने गए थे
वो आपको !
और क्या,
डेढ़-दो सौ रहे होंगे...
मगर, मादाम,
आपने तो उन्हें चकित ही कर दिया !
आपने कहा—
"मेरा दिल दुखी है
आसाम का दुख देखा नहीं जाता
मैं नहीं दे सकूंगी

उमंग में आपका साथ...
प्लीज; हमें छोड़ दीजिए...
खबर में छपा था—
"होली वाली वो भीड़
चुपचाप वापस लौट गयी
खिन्न-मन, उदास-उदास..."
और, उस रोज़
आपका, दुख का यह अभिनय
सचमुच अनोखा था !
वैसा अपूर्व मंचन
शायद ही कभी किसी ने देखा हो !
दुख की उस एक्टिंग के क्या कहने !
शाबाश, महान अभिनेत्री !

भोजपुर

[1]

यही धुआँ मैं ढूंढ़ रहा था
यही आग मैं खोज रहा था
यही गन्ध थी मुझे चाहिए
बारूदी छर्रे की खुशबू !...
ठहरो-ठहरो इन नथनों में इसको भर लूं...
बारूदी छर्रे की खुशबू !...
भोजपुरी माटी सोंधी है,
इसका यह अद्भुत सोंधापन !
लहरा उठ्ठी है
कदम-कदम पर, इस माटी पर !
महामुक्ति की अग्नि-गन्ध
ठहरो-ठहरो इन नथनों में इसको भर लूं
अपना जनम स-कारथ कर लूं !

[2]

मुन्ना, मुझको
पटना-दिल्ली मत जाने दो
भूमिपुत्र के संग्रामी तेवर लिखने दो
पुलिस दमन का स्वाद मुझे भी तो चखने दो

मुन्ना, मुझे पास आने दो
पटना-दिल्ली मत जाने दो

[3]

यहाँ अहिंसा की समाधि है
यहाँ कब्र है पार्लमेंट की
भगतसिंह ने नया-नया अवतार लिया है
अरे यहीं पर
अरे यहीं पर
जन्म ले रहे
आजाद चन्द्रशेखर भैया भी
यहीं कहीं बैकुंठ शुक्ल हैं
यहीं कहीं बाघा जतीन हैं
यहीं अहिंसा की समाधि है...

[4]

एक-एक सिर सूंघ चुका हूँ
एक-एक दिल छूकर देखा
इन सबमें तो वही आग है, ऊर्जा वो ही...
चमत्कार है इस माटी में
इस माटी का तिलक लगाओ,
बुद्धू, इसकी करो वन्दना
यही अमृत है, यही चन्दना
बुद्धू इसकी करो वन्दना

यही तुम्हारी वाणी का कल्याण करेगी।
यही मृतिका जन-कवि में अब प्राण भरेगी
चमत्कार है इस माटी में...
आओ, आओ, आओ, आओ !
तुम भी आओ, तुम भी आओ
देखो, जनकवि, भाग न जाओ
तुम्हें कसम है इस माटी की
इस माटी की/इस माटी की/इस माटी की !

प्रतिहिंसा का महारुद्र

फिलहाल,
तुम्हारा यह मारक खेल
अभी कुछ समय और चलेगा
लेकिन याद रखो—
हम तुम्हारी बिरादरी के
एक-एक सदस्य का वध करेंगे !
तुम मुनाफा लोभी
तुम स्वार्थ के नारकीय कीड़े
इस जंगल का एक-एक बिरवा
तुम्हारे समूचे वर्ग के लिए
प्रतिहिंसा का महारुद्र प्रमाणित होगा !

लेनिन की समाधि पर

क्या आपकी लिबास
हर वर्ष बदल दी जाती है ?
क्या आपका मुखमण्डल
प्रतिवर्ष
रंग-रोगन से
चमकाया जाता है ?
क्या आपका कुसुम-कोमल हृदय
आपके वज्र-संकल्पों और फौलादी कर्म कलापों के
नीचे तब भी दब नहीं गया था ?
क्या आप वामपंथ के परस्पर विरोधी
अपघातों को यों ही बर्दाश्त कर जाते ?
क्या लिन पिआओ और डांगे को
अन्ततः क्षम्य मान लेते !
क्या आप आज भी वही होते !

लू-शुन

दुर्दम, अनमनीय, क्रान्तदर्शी !
छद्म वाम पर निरन्तर वाणवर्षी !
अ-कपट बन्धु तुम विश्व-सर्वहारा के !
अक्षय उत्स तुम जन-चेतन-धारा के !
करो अंगीकार प्रणतियाँ हमारी...
सहज सरल लू-शुन व्यंग-वज्रधारी...

"कलम से काम लो गदा का, तमंचा का
ढीली न पड़े डोर प्रत्यंचा का
जहरीले साँपों पर दया नहीं करना
दुष्टों पर हमदर्दी के उसाँस नहीं भरना
कटखने कुत्तों पर—रहमदिल न होना
भलमनसाहत में जान से हाथ मत धोना...
इस तरह श्रमशील जनों को दे गए हो सीख...
क्यों कोई माँगे प्रभुओं से भद्रता की भीख !

अग्निबीज

अग्निबीज
तुमने बोये थे
रमे जूझते,
युग के बहु-आयामी
सपनों में, प्रिय
खोए थे !
अग्निबीज
तुमने बोये थे

तब के वे साथी
क्या से क्या हो गये,
कर दिया क्या से क्या तो,
देख-देख
प्रतिरूपी छवियाँ
पहले खीझे
फिर रोये थे
अग्निबीज
तुमने बोये थे

ऋषि की दृष्टि
मिली थी सचमुच

भारतीय-आत्मा थे तुम तो
लाभ-लोभ की हीन भावना
पास न फटकी
अपनों की यह ओछी-नीयत
प्रतिपल ही
काँटों-सी खटकी
स्वेच्छावश तुम
शरशय्या पर लेट गए थे
लेकिन उन पतले होठों पर
मुस्कानों की आभा भी तो
कभी-कभी खेला करती थी !
यही फूल की अभिलाषा थी
निश्चय, तुम तो।
इस 'जन-युग' के
बोधिसत्व थे !
पारमिता में त्याग तत्त्व थे !

कहाँ नहीं हो आए हैं पुष्पदन्त जी !

सुरक्षित अन्धकार के ये अंचल...
कब्र तक जाने इन पर
प्रकाश डाल पाएगा 'संविधान' !
भला हो पंगुल 'संविधान' का...

'हो रहा है विकास—'
पुष्पदन्त जी बोले
—मंदिर प्रवेश का मार्ग तो
बापू आप ही दिलवा गए हैं...
अपन इन्हें साथ बैठाते हैं
संसद में, राज्य सभा में
विधान सभाओं में, परिषदों में...
साथ बैठाते हैं यहाँ भी, वहाँ भी...
कहाँ नहीं...

अपने हाथों से पुष्पदन्तजी ने
'श्री खण्ड' की कटोरी थमाई मुझे
आग्रहपूर्वक...
बोले—

'दमा फमा कुछ नहीं बिगाड़ेगा...
लीजिए भी तो !...

फिर आँखें नचाकर
फुसफुसाए पुष्पदत्त...
'रत्नम् का नाम सुना होगा...
पुराना आई. सी. एस....
कई देशों में राजदूत रह चुके हैं...
हाँ ऽ ऽ ऽ वो ही !
अब आप कैसे कहोगे कि
विकास नहीं हुआ !'

प्रजातन्त्र
प्रगति
जनवाद
भारतीय संस्कृति
धर्म-निरपेक्षता
सबमें मिलते-घुलते हैं
सबका आनन्द लेते हैं
आपके लिए मजा ही मजा है सर्वत्र
पुष्पदत्त जी छः फैक्टरियों के मालिक हैं
कला और साहित्य पर तो आपकी खास कृपा है

तीन बार 'इण्टर कान्टिनेन्टल टूर' किया
मास्को-प्राग-बर्लिन-बैंकाक-तोक्यो
कहाँ नहीं गए हैं पुष्पदत्त जी !

मेरा मन

तन नहीं साथ देगा
तो, क्या कर लेगा मन ?
तो, क्या कर पाएगा मन ?

अधूरे संकल्पों की
याद दिलाएगा...
छान-बीन करेगा
अपने कर्मों की...
ग्लानि-लांछना की
अपमान-तिरस्कार की
रही सही आँचों पर
विवेक का जल सींचेगा
जहरीले परिवेश में से
अमृत का अर्क खींचेगा...
इतना तो करेगा !
हाँ, यह तो असम्भव नहीं...
ऐसा-कुछ ज़रूर करेगा...
आलसी नहीं होगा मेरा मन
भरपूर सोचेगा
चिन्तन को ताजगी देगा
अपने आपको प्रफुल्ल रक्खेगा
इतना तो करेगा मेरा मन...

जी हाँ, जी हाँ
ऐसा-कुछ जरूर करेगा
अन्तिम क्षणों तक
शिथिल नहीं होगा मेरा मन...
सोच-समझ को आगे बढ़ाएगा
बहुत कुछ करेगा
बहुत कुछ करेगा
मेरा अनुशासित मन...
—संस्कार दीपित मेरा मन...
परितप्त नहीं होने देगा मुझे
मेरा मन
मेरा प्यारा मन
लज्जित नहीं होने देगा मुझे
मेरा मन
मेरा प्यारा मन...
मेरा लाड़ला मन...
मैं निछावर हूँ—
अपने इस मन पर !
बलि-बलि जाऊँ
अपने इस मन पर !

ऐसे भी हम क्या ! ऐसे भी तुम क्या !

ऐसा भी तन क्या !
ऐसा भी देह क्या !
सह न सके—

शीतातप-वृष्टि-उमस...
पुलक, पसीना,
प्रभंजनी वात्याचक्र
चरम ठिठुरन, हड़कम्प
लू के थपेड़, विघूर्णन···
सह न सके
शिरःशूल, आँतों की मरोड़।
ऐसा भी देह क्या !
ऐसा भी तन क्या !

ऐसा भी मन क्या !
ऐसी भी बुद्धि क्या !
कर न सके प्रपंचों का छेदन-भेदन···
घबराए जरा-जरा-सी बातों में
अकारण बिदके, पग-पग पे रूठ जाए
पहन ले दंभ का मुकुट
पचा नहीं पाए ग्लानि और अपमान

ले नहीं पाए प्रतिशोध
क्षमा ही क्षमा करता चला जाए...
ऐसी भी बुद्धि क्या !
ऐसा भी मन क्या !

ऐसे भी हम क्या !
ऐसे भी तुम क्या !
रूठ जाएँ पग-पग पे
पग-पग पे मान जाएँ
सोंधते रहें जुगत भीतर घात की
कदर नहीं करें दिन की, रात की
पल-पल खोते चलें
छिन-छिन रोते चलें
औरों की सिद्धि पर सिर धुनें
दूर की ढोल पर गप्प ही गप्प बुनें
आज के काम टालें कल पर
तर्क ही तर्क करें—
सीप की चमक पर, छायामय जल पर
ऐसे भी तुम क्या !
ऐसे भी हम क्या !

रचो-रचो मधुर गीतम्

इनको इमर्ती
उनको कलाकन्द
शासन सुख भोगें
गिरधारी फटकचन्द

अपन को झंझट
अपन को लन्दफन्द
उनके मुखों में
मुसकी है मन्द-मंद

रेशमी तिनरंगा
गद्दी में पैवन्द
अभागे हो कवि तुम
रचते नहीं उनके छन्द

रचो-रचो मधुर गीतम्
विविध भारती अमन्द
सैर करो निखिल विश्व
मौज करो निर्द्वन्द्व
ले लो कवि इमर्ती
ले लो कवि कलाकन्द
बनो जी देवीदयाल
गिरधारी फटकचन्द

काले-काले

काले-काले ऋतु-रंग
काली-काली घन-घटा
काले-काले गिरि शृंग
काली-काली छवि-छटा...
काले-काले परिवेश
काली-काली करतूत

काली-काली करतूत
काले-काले परिवेश
काली-काली महँगाई
काले-काले अध्यादेश

मुक्तक

भ्रम का भूत परेशानी में डाल रहा है
संशय की हांडी में इन्हें उबाल रहा है
योगी-फोगी,पीर-फीर कुछ काम न देंगे
युग के संकट भारी टैक्स वसूल करेंगे
भ्रम का भूत...

उसे हड़बड़ी थी

पिछली रात
ठीक 3.22 पर एक हादसा हुआ...
मई-जून की वो भरी-पूरी झेलम
नील-निर्मल प्रवाहों वाली वो वितस्ता
मेरे ऊपर से होकर गुजरी—पिछली रात !
लगातार आधा घंटा तक, नहीं 45 मिनट लगे !
प्रवाहित होती रही मुझ पर से
मैं लेटा रहा, निमीलित-नेत्र...
मन ही मन जागरूक, मोद-मग्न...
आशीष की मुद्रा में मेरे होंठ हिलते रहे
जी हाँ, मैं मगन-मन लेटा रहा उतनी देर
जी हाँ, झेलम को हड़बड़ी थी—
वो सिन्ध से मिलने जा रही थी
मुझे झेलम पिछली रात निहाल कर गई !

भर रहा है चमक...

दमक रहे हैं
बालों के गुच्छे
सुनहले-सफेद...
अविराम वृष्टि का यह मध्यान्तर
दे रहा है अवसर
छिपे हुए सूरज को
कि
निचली घाटियों को करे निहाल

कि
चमकाए
धान के मृदु-हरित नवांकुरों को
सीढीनुमा खेतों में

कि
भरे अधिकाधिक जीवन-रस
कच्ची नासपातियों के अन्दर

कि, दमदार बनें
भुट्टो के दूधिया दाने...
फ़िलहाल तो प्रकाश का यह देवता

पहाड़ी बरसात का सहमा-सहमा यह सूरज
भर रहा है रंग कर्म की चमक
मकई के पौधों में ··

लो, वह चमक रहा है
सुनहले-सफेद बालों के गुच्छे
लो, वह ओझल हुआ
घिर आया कोहरा
छा गया कोहरा

सोनिया समन्दर

सोनिया समन्दर
सामने
लहराता है
जहाँ तक नजर जाती है
सोनिया समन्दर !

बिछा है मैदान में
सोना ही सोना
सोना ही सोना
सोना ही सोना

गेहूँ की पकी फसलें तैयार हैं —
बुला रही हैं
खेतिहरों को
"ले चलो हमें
खलिहान में—
घर की लक्ष्मी के
हवाले करो
ले चलो यहां से"

बुला रही हैं
गेहूं की तैयार फसलें
अपने-अपने कृषकों को...

मैं मेघवाहन हूँ

सावनी बदलियाँ
मेरे रोम कूपों के अन्दर
समाती जा रही हैं
मेघ टहल-बूल रहे हैं
मेरे साथ-साथ
लगता है, मैं मेघवाहन हूँ

दिन-भर में बारह पैंतरे बदलती है
बरसाती आबो-हवा
जहरीरवाल की पहाड़ियों पर
सबेरे कितनी अच्छी धूप थी !
उत्तर की दिशा में
बद्री-केदार वाले हिमखंड
कैसे चमक रहे थे
नीला आकाश
उन्हें अपने आगोश में लेकर
रहस्य-लोक बनाए हुए था !

अब वह नीला आकाश कहाँ गया !
किधर गुम हुए
बद्री-केदार वाले हिमखंड !

ठहरो, ठहरो, यह गुमरवाल कि टैक्सी
आई...

मैं लैंसजउन हो आऊँ ?
अरे, ये तो बूंदाबांदी होने लगी
बदलियाँ और भी घनी हो आईं
ठहरो, ठहरो
रबर के जते तो डाल लूं पैरों में

बच्चा चिनार

बच्चा चिनार
उदास है...
उसने इन्कार कर दिया
बढ़ने से
अपने बुजुर्गों का चिर जीवन
बच्चा चिनार पसन्द नहीं करता...
उसने सामने खड़े
बच्चा चीड़ से पूछा—
'क्या सोच रहा है तू ?'
बच्चा चीड़ हुलस कर बोला
'मगज खपाने का काम
हमारे बुजुर्ग करेंगे !
अपन तो रत्ती-भर पर्वाह नहीं करते
किसी बात की, कतई नहीं !
बिल्कुल नहीं ! !
हाँ, प्यारे, उधर तो सुन !
आजमजाद बच्चों की
किलकारियाँ तो सुन ! !
मुन्ने भी हैं
मुन्नियाँ भी हैं

पहाड़ी नहीं, मैदानी हैं वे...
पंजाबी हैं, मराठे हैं, बंगाली हैं,
आपस में जाने क्या कह-सुन रहे हैं।'
बच्चा चिनार झूमकर बोला—
'इनके बुजुर्ग साथ नहीं आए !'
'नहीं'—बच्चा चीड़ बोला, आहिस्ते
'हाँ, दो ही तो थे...
दोनों ही मानतलाई गए होंगे
वहाँ एक हरियाणवी गाय
फ्रिजवाली घास खाती है—
और 45 लीटर दूध देती है रोज
दोनों बुजुर्ग
हरियाणवी गाय के खुरों की पवित्र धूल
सर-माथे लगाएँगे
और, जम्मू वापस आ जाएँगे !
और तब तक ये भी हमारी घाटी छोड़ चुके होंगे'
गम्भीर होकर कहा बच्चा चिनार ने—
'अच्छा हुआ अल्पजीवी मैदानी बुजुर्ग इधर नहीं आए।
वर्ना हमारे चिरजीवी बुजुर्गों का गुमान
दस गुना बढ़ जाता !'

उषा की लाली

उषा की लाली में
अभी से गये निखर
हिमगिरि के कनक शिखर

आगे बढ़ा शिशु रवि
बदली छवि, बदली छवि
देखता रह गया अपलक कवि
डर था, प्रतिपल
अपरूप यह जादुइ आभा
जाये ना बिखर, जाये ना बिखर !!

उषा की लाली में
भले हो उठे थे निखर
हिमगिरि के कनक शिखर--

शिशिर की निशाऽऽ

शिशिर की निशाऽऽऽ
धुंध में डूब गयी
दिशा दिशा दिशाऽऽऽ

भुरभुरी जमीन
गरम हैं सियारों के माँद
खण्डहर के कोने में
घुग्घू गया फाँद

नरवत हुए उदास
खाँसता है चाँद
गगन के बीचोंबीच
हाँफता है चाँद
शिशिर की निशाऽऽ

कैसा लगा

कैसा लगाऽऽ
कैसा लगाऽऽ
कैसा लगा कोहरा ?

बना गया है हमें
बना गया है तुम्हें
अपनी वहम का मोहरा !
कैसा लगाऽऽ

भाफ में नहाया भी
यों ही शरमाया भी
हुआ जाने दोहरा
कैसा लगाऽऽ

पूस की ठिठुरन में
पूनम की छुअन में
अच्छा लगा कोहरा !
अच्छा लगा !!

पर्वत-बालाएँ गयीं घूम !

उस ओर, उधर
सन्ध्या की तिगुनी धुंध में
ओझल होती जाती किरणें
हिम मंडित शिखरों को
सत्वर रही चूम...
भारी-भारी बोरियाँ लदी हैं पीठों पर
पर्वत-कन्याएँ गयीं घूम—
इस ओर, नुक्कड़ों से नीचे
ऊभर-खाभर पगडंडी पर...
खुरदरी लुनाई के आगे
श्रम गया लचक
श्रम उठा झूम
पर्वत-बालाएँ गयीं घूम !

शिशिर की सीमन्तिनी का

शिशिर की सीमन्तिनी का
बर्फ है पानी !
इन ठिठुरती उँगलियों ने
हार क्या मानी !

बाल रवि है मुग्ध अतिशय
बन गया दानी !
वृद्ध नगपति विनयवश ही
मौन है ज्ञानी !

सामने केदार-बदरी
जगमगाते गुह्य-संधानी !
शिशिर की सीमन्तिनी का
बर्फ है पानी !!

सजीले प्रिय देवदार

सजीले, प्रिय देवदार !
कौन भला, तुमको—
यहाँ पर लाया उतार ?
तुम्हारी निवास भूमि
जलधि तल से
ऊपर, अति ऊपर
फुट जहाँ सात-आठ-नौ हजार
ओ, हे, तुम
पहाड़ी तरुओं में, पाहुन उदार
सजीले प्रिय देवदार

झाग ही झाग तो हो !

असल में—
हुआ है क्या, बतलाऊँ ?
आहिस्ते-आहिस्ते
तुमने इन्हें अपंग हो जाने दिया है—
शब्द, स्पर्श, गन्ध, रस, रूप
सारे के सारे छीज गये हैं लगभग ।
लानत है, तुम तो खुलकर हंस भी नहीं पाते !
प्रभावित नहीं होती
लाजवन्ती तुम्हारे छूने से
गन्ध-चेतना ठस है तुम्हारी
रसबोध पंगु है
श्रुति-कुहर हो गए रबर की तरह
अपने 'स्व' को सुला दिया है तुमने !
ऐसे में क्या हो आप ?
झाग ही झाग तो हो !

कविता

वो रूठ गई है
उसे परेशान मत करो
जाने किस मुहूर्त में
उसे अपमानित किया था तुमने !
तुम्हारी धुली मुस्कान पे
उसे घिन आती है...
आपके शब्दालंकार
भुस की बोरियाँ हैं उसके लिए
प्लीज, हट जाओ सामने से
उसे परेशान मत करो आप
अभिधा-लक्षणा-व्यंजना
सबकी सब सहेलियाँ हैं उसकी
सबकी सब...
उसे खो चुके हो आप, सदा-सदा के लिए !

आँ हाँ, इन्हें ना उतारो

काम नहीं आएगा
चौथेपन का यह नाटक
बेकार जाएँगे प्रवचन सारे
आओ, उठा लो आप भी चाट का दोना !
लो जी, लो, इत्र के फाहे—
भगतिनें लाई हैं
आँ हाँ, इन्हें ना उतारो
झूलने दो जरा-देर
मोंगरे की इकहरी लड़ियाँ वक्ष पर
उतरने दो इन्हें छाया छवियों में
आँ हाँ, इन्हें ना उतारो
निःसंकोच टेंपित होने दो अपने आपको
और भला कैसे होगा दूर
सांस्कृतिक सूनापन
अगली पीढ़ियों का !

उसने मुझसे पूछा—

सुगन्धित आडम्बर...
रंगीन झागों का अ-छोर ज्वार
अनुकूल प्रचार के शंखनाद
सौम्य सामग्री—पिकनिकीय-यात्रा की
यह सब क्या था आखिर?
अहमिका का संयत स्फोट !
विनम्रता का आभाणक !
अभिजात 'अस्मिता' का रिहर्सल !
क्या था आखिर यह सब ?
—उस वस्तुवादी खेतिहर ने मुझ से पूछा
—कौन थे यह लोग ?
—नहीं, बहाना नहीं, सच-सच बतलाओ,
—क्या होता है "जानकी जीवन" ?
—कारों का काफिला ? खीर-पकवान ? फोटो-फिल्म ?
—नहीं, बहाना नहीं, सच-सच बतलाओ !

हिम-शुभ्र पठारों पे रहा है...

महाप्रभु,
उतरा है तुम्हारा वाहन...
हिम-शुभ्र पठारों पे रहा है...
अब आया है विचरण करने
गंगा-तटवर्ती मैदानों में...
महाप्रभु,
भगतों की भीड़ है
भगतिनों का मेला है...
गोबर और जुगालियों के झाग
— सब कुछ महनीय होंगे
—सब कुछ विज्ञप्ति-योग्य
शतायु हो तुम्हारा यह वाहन !
तरुण-तरुणियाँ निराश हों तो हों
वयस्क प्रसन्न रहें इससे !
महाप्रभु !!

हवन-काष्ठ...

क्या उससे भी कभी मिलोगे ?
मुण्डा-जन-जाति के उस 'पुरुषोत्तम' से ?
सौ-सौ किवदन्तियों का नायक था वो
गिरिजन उसे कहते हैं 'विरसा भगवान !'
वे अनन्तकाल तक
उसकी ऊर्जा से 'वर्चस्'
हासिल करते रहेंगे
क्या उधर भी पदयात्रा करोगे ?
क्या कभी उनके मध्य भी विचरण करोगे ?
गुह निषाद-शवर...
तनी हुई प्रत्यंचा ही
उनका जनेऊ होती है
तीर ही उनके 'हवन-काष्ठ' होते हैं...
क्या आप, स-दल-बल, इसी भाँति
उनके मध्य भी विचरण करोगे ?

मेरी नवजात सखी

मेरे तेरे दर्म्यान
बड़ा फासला है बेबी !
सात दशाब्दियों का लम्बा अन्तराल
मगर तूने स्वीकार कर ली
अपने कोमल गाल पर
मेरी उँगलियों की छूअन
चमक रही है
प्रसन्न आँखों की तरल पुतलियाँ
तूने कुबूल किया
एक घुमन्तू बुर्जुग का
प्रीति स्निग्ध प्रतिवेदन
मेरी नवजात सखी मैं धन्य हूं
अभी कुल जमा चालीस रोज की है तू !
पुष्पा बोली—'जी हाँ
छै, चौदह, बी ी ी ी स...
जी, आज यह पूरे
चालीस दिन की हुई !'
क्या मैं तेरे लिए कोई प्यारा सा नाम
खोज लूं मेरी बेबी !

बढ़ते गए पैर...

यात्रा के क्षणों में
इर्द-गिर्द दृष्टि गई
पल भर के लिए...
काँप रहे थे
केले के नए-नए पात
हरे हरे पात
चीकने पात
साबित पात
विदा-वेला में
अनुमति में हिलते-से कोमल पात !
"फिर कब आओगे ?"
हल्की जिज्ञासा थी, इंगितमय—
'बुजुर्ग यायावर,
'सच, सच, बतलाना
'अब, कब आओगे ?'

जवाब में आँखें गीली हो आईं;
चुपचाप, ऊपर पगडण्डियों की ओर
बढ़ते गये पैर...

तीन सिरों वाला बेताल

जी हाँ,
उसके तीन सिर हैं...
यह अक्सर
सामने आ जाता है
नीरव निशा में
दो ढाई तीन बजे !
वो मुझे जगा देता है
अपने मजबूत हाथों की छुअन से !
कभी कभी तो
हलकी चकोटी भी
महसूस होती है उसकी
कभी कभी !
बहरहाल, वो जगा देता है...
तीन सिरों वाला बेताल
लगता है,
अपना पुराना दोस्त है

आज रात
इसने मेरे सामने
रंगीन रूपकों के जाल
बिछा दिये दूर-दूर तक !

एक ही मुँह खुला
सफेद दाँत चमक उठे
रंगीन जालों की किनारियाँ
रोशन थीं
हल्के नीले प्रकाश में !
धीमी फुसफुसाहट सुनाई पड़ी
एक दोस्त की सलाह मशविरा सी,
मैत्री पूर्ण परामर्श सी,
साफ साफ......
"तुम्हारे आगे
कई रंगीन जाल बिछे हैं—
लुभावने, प्रकाशमय......
कोई खतरा नहीं,
सारे के सारे जाल निरापद हैं !
"लो, आओ
बेखटके आओ···
इसमें से किसी एक पर
चल कर तो देखो !
शुरू में अटपटा लगेगा,
फिर तो मालूम होगा
अच्छा ही अच्छा, अच्छा ही छच्छा !
तुम्हारी कसम !
मेरी अपनी कसम !
आओ इसमें से
किसी एक पर चल कर देखो !

"बतलाओ तो अब,
क्या कुछ दीख रहा है ?
जरा गौर से देखना,
जरा गौर से सुनना !
आँ, हाँ डरो नहीं..."
कानों में आने लगी

घुंघुरू की आवाज
दो मिनट बाद
सुनाई पड़ने लगे हल्के पदचाप !
और तब
प्रकट हुए सुमुखी किशोरियों के
अनेक ग्रुप—
उनके वस्त्राभरण
बड़े ही आकर्षक थे...
मनोरम थीं अंग भंगिमाएँ...
दो ग्रुप थे केरल कन्याओं के
अलग दिखा मणिपुरी ग्रुप
थोड़ा हट कर गर्बा चल रहा था
गुर्जर बालाओं का,
और उधर उत्तरप्रदेशी,
मौन चपल, रास मग्न
लेकिन छोटा सा दल था
ओडिशी "छउ"
इन सबसे अलग नजर आया
गर्बा को "खट खट" के अनुरणन
घुंघरुओं की छूम छनन पर
हावी हो रहे थे परन्तु...

लगा कि बहुत बड़ा हाल है,
यहाँ नित्य ही
ऐसा ही कुछ चलता रहेगा
चलता रहा है...

बेताल बोला—
"यह नृत्य नाट्य के
दैनिक अभ्यास का स्थान है
अनुदान-पोषित कला केन्द्रों की
एक प्रशासकीय शृंखला

निगरानी रखती है इस पर... '
पहचानो इनमें
तुम्हारे प्रिय मित्रों की
वे लड़कियाँ भी तो यहीं हैं
जिन्हें तुमने उनके बचपन में,
देखा हो बार बार
बातें की हों बार बार जिनसे ?
लो पहचानो......''
मैंने ध्यान से देखा
देखा और देखा और देखा
इस तरह नृत्य अभ्यास में
लगी हुई बालिकाओं के मध्य,
सचमुच दो तीन चार
परिचित चेहरे नजर आये
एक संजना थी, एक रंजना
एक शीरा थी, एक नीरा...
इनके पिता उच्च अधिकारी थे,
राजस्थान, मध्यप्रदेश
हिमाचल, बिहार में...
वक्त नहीं था वरना
मैं आखिर तक यह सब देखता
इनसे बातें करता...
इनके तजुर्बे सुनता...

''अरे, तुम तो इन्हीं में चिपक गये !
अभी तो ढेर सारा देखना है
क्या तुम्हारे पास फालतू वक्त है !''
लगा कोई बाँह पकड़कर
पीछे खींच रहा है मुझे...
लगा, बेताल को
कोई और बात याद आ गई है,
अभी यह और कुछ देखने नहीं देगा ..

चार पाँच रोज बाद,
रात की आखरी छोर पर
बेताल का दूसरा मस्तक
सामने उभरा...
चौड़ी पेशानी, बड़ी बड़ी आँखें,
लम्बी नुकीली नाक,
चौड़े कान, सुन्दर ग्रीवा,
उसके सुडौल कन्धों पर
वो खूब जँच रहा था
होंठ सिकोड़ कर बेताल ने
आँखें मींच लीं
और तब ढेर सारी साँस ली
और तब दम साध लिये
और अब, सीध में
फूंक मारी !
दूसरी वार फूंक मारी
तीसरी बार फूँक मारी
और अब लम्बी टाँगें छितरा कर
बेताल मानो दुगना लम्बा हो गया !
पल भर में सामने था
सजा सजाया सतरंगा शामियाना
ढाई सौ टेबिल पर
हजार मुख झुके थे
काले सुनहले रेखा चित्रों वाले,
सौ सौ शानदार प्लेट
नाना प्रकार की खाद्य वस्तुएं
चर्व्य, चोष्य, लेह्य, पेय
सामिष, निरामिष
ताजे अनूठे स्वादों का
यह एक अवर्णनीय माहौल था
रसना की परितृप्ति के लिए
यह एक दैव दुर्लभ संयोग था !

सह अस्तित्व मूलक--
तथाकथित आधुनिकता
और
भोगवाद की अभिनव परिधि के
लचकीले ततुओं में बँधे
दो हजार भद्र स्त्री पुरुष
भोज खा रहे थे
मनोयोग पूर्वक
अपनी-अपनी भुजा पर
अपने होटल का बिल्ला लगाये
दर्जनों बैरागण
फुर्ती से इन्हें "सर्व" कर रहे थे

बेताल ने मेरे कानों में कहा
"तुम्हें कोई नहीं देख पायेगा...
तुम इन्हें गौर से देखो...
कई मित्र हैं तुम्हारे यहाँ...
उन्हें पहचानो...
सचमुच, बिहार, उत्तरप्रदेश
मध्यप्रदेश, दिल्ली के हमारे
कई मित्र "भोज" में शामिल थे !
बेताल फिर बोला--
"यह शिक्षा मन्त्री की
दी हुई पार्टी है...
उसकी लड़की की शादी थी कल
इस पार्टी में सब हैं—
बारात वाले भी,
कन्या पक्ष वाले भी
वर वधू की बिदाई में
और दहेज में
और स्वागत सत्कार में
लगभग पाँच लाख रुपये

खर्च आयेंगे, हाँ !"
और नहीं तो क्या !
हमें यहाँ बीसियों सांसद,
दसियों मन्त्री
पचासों साहित्यिक और कला प्रेमी
नजर आये

आठ दस महीने निकल गए
मगर वो प्रकट नहीं हुआ
मैं अन्दर ही अन्दर
बेहद परेशान था
तीन सिरों वाला
अपना प्रिय मित्र
जाने कहाँ छिप गया !

दमा का सनातन मरीज
रात को थोड़ा सोने वाला
घुमक्कड़ी का शौकीन
मैं, यानी
अर्जुन नागा...
उर्फ बैजनाथ मिसिर
उर्फ यात्री जी
साक़िन मौजे तरौनी बड़की
थाना बहेड़ा
जिला दरभंगा
बिहार राज्य
होशो हवास
अपनी धर्म पत्नी
आदरणीया श्रीमती
अपराजिता देवी के
चन्द लफ्जों के मुताबिक
"हम तो आज तक

इन्हें समझ नहीं पाये"

तो जब लगातार
तीन रात अपने तई
उसके इन्तजार में
बैठे रह गये,

तो बेताल को रहम आई
अब वो साक्षात
सामने था...
अभी उसका तीसरा मुख
खुलेगा...
तीसरा मुख खोलने से पहले
बेताल ने अपनी दाहिनी
हथेली फैलाई—
मेरी तरफ वो फैली थी...
वो बोला—
"आओ ! इस पर बैठो
मैं तुम्हें पूर्वांचल ले चलूंगा ।
फौरन आ जाओ !
देर न करो..."
बेताल की हथेली काफी बड़ी हो गई
मैं उस पर जम गया
अगले ही क्षण
बेताल मुझे लेकर
पूर्वांचल यानी असम
पहुँच गया...

ब्रह्मपुत्र के किनारे
किसी पोलिंग बूथ के सामने
उसने मुझे उतार दिया
आज निर्वाचन का दिनांक था
मैंने देखा—

दुवली पतली बीमार
बकरियों की लाइन लगी थी
वे मत पेटी के अन्दर
अपना अपना मत पत्र
डाल रही थीं
मत पत्र क्या थे—
छोटे-छोटे पीले पत्ते थे !
वही मत पेटी के अन्दर
डाल रही थीं बकरियाँ
सहमा सहमा निर्वाचन अधिकारी
एक ओर बैठा था
छोटी टेबिल सामने थी
एक एक बकरी
मत पेटी के छेद में
मत पत्र डालती जाती थी
हल्के नीले ठप्पे भी
मत पत्रों पर पड़े थे,
नहीं भी पड़े थे
सहमी सहमी-सी बकरियाँ
मतदान कर रही थीं
थोड़ी देर बाद
भेड़ों ने इसी तरह
शान्ति पूर्वक मत पत्र डाले...
और अब अन्त में
एक रात
विराट आकृति
सामने आई...
पहले किन्तु
वातावरण मिश्रित सुगन्ध से
बोझिल हो उठा था !
मेरी गन्ध चेतना के लिए
वैसा ताजा सौरभ

सर्वथा अनूठा था
विलक्षण, अपूर्व !

दिव्य भव्य सुन्दर काया थी
तीन मस्तक थे
चमकीले मुकुटों से सुशोभित
मुखों की कान्ति
परम प्रसन्न थी
ऐसा लगा कि
तीन जोड़ी
कमल पत्री आँखों से
शुभ ही शुभ
छलका पड़ रहा है
ऐसा लगा कि इस बार
वो मुझे निहाल करने आया है
—जो भी चाहूँगा
ढेर लग जायेगी उस वस्तु की

तीनों सिर
प्रसन्न भंगिमा में
मेरे समक्ष
स्थिर रहे थोड़ी देर
मस्तक ही मस्तक थे
नीचे धड़ नहीं था
मानों किसी अलक्षित आधार पर
वे जमे हों !
सिर छोटे बड़े होते रहे
स्थूल आकृति में
परिणित होते रहे क्रमशः
मन्द मधुर हास मुद्रा
उनकी बरकरार थी...

लगभग दस मिनट बाद

जोरों से घूमने लगे तीनों सिर
घूमते गये, घूमते गये,
घूमते घूमते
वे बवंडर हो गये
फिर उन्होंने रूप लिया
प्रचण्ड आँधी का !
देखते देखते
कई पेड़ धराशायी हो गये
कुटीरों के बीसियों छप्पर नदारद थे
इतनी धूल उड़ी कि
कुछ भी नहीं दीख रहा था
सभी के साँस घुटने लगे
वात्याचक्र की यह तांडव लीला
टोंटी के भाप की पतली शक्ल में
कई पलों तक
मेरे दाहिने कान के अन्दर
भरती रही
फिर मैंने अपना बायाँ कान
उसके सामने कर दिया
अब न आँधी थी
न तूफान था
हाँ, इतना जरूर था कि
मैं आहिस्ते आहिस्ते
ऊपर उठता गया
एक अदृश्य पैराशूट में
लटक रहा था मैं

"बस बस मित्र घबराना नहीं
तुम सही सलामत
अपने ठिकाने पर
वापस पहुँचोगे !
अरे तुम तो अपने साहस के लिए

बहुत मशहूर हो बच्चू !"
ऊपर आसमान था
नीचे आलोकित थी राजधानी
मुझे कहीं कोई देख नहीं रहा था
इक्के दुक्के विमान
उड़ान भर रहे थे
मध्य रात्रि या रात्रि शेष के
प्रशांत महासागर के अन्तर्वर्ती
छोटे बड़े देशों की दिशा में
ये सुदूरगामी जेट थे !

परन्तु मैं तो
पैराशूट में टँगा टंगा सा
अपने देश की कैपिटल के
आकाश में तैर रहा था

नीचे, थोड़ी देर बाद
इण्डिया गेट वाला मैदान था
राजपथ, राजपथ, राजपथ...
राष्ट्रपति भवन, राष्ट्रपति भवन...
जरा देर बाद
लगा कि पैराशूट की डोर
ढीली कर दी गई
मैं राष्ट्रपति भवन की छत पर
अब टहल बूल रहा हूँ
मुझे कोई देख नहीं रहा
मगर मैं यहाँ से
बाहर निकलूंगा कैसे !
ठीक है कि इसमें
दसियों द्वार हैं
किधर से भी कोई निकल सकता है
लेकिन यहाँ तो

मिलिट्रीवालों का पहरा होगा !
कोई भला निकलेगा कैसे ?

कि तभी कानों में
फुसफुसाहट सुनाई पड़ने लगी
"कोटि कोटि
अन्नहीन, वस्त्रहीन जनों का प्रतिनिधि !
तू भला बाहर नहीं निकलेगा !
किसकी सामर्थ्य है
जो तुझे रोक सके !!

एक एक मिलिट्रीवाला तुझे पहचानता है
"एक ने तुझे देखा था
जिला जालंधर के एक गाँव में
दूसरा मिल चुका है तुझसे
जमशेदपुर में टिस्को के गेट पर
तीसरे को तूने देखा था
कोहिमा के एक चाय घर में
चौथा ठहरा था एक रात
सिकन्दराबाद के उस सस्ते होटल में
वह तभी से तुझे जानता है
पाँचवें का बड़ा भाई
झूठ मूठ के खूनी मामले में फँसा था
सासाराम में उसे तूने
वकील ठीक कर दिया था
अब यहाँ का कोई पहरेदार
अपनी बन्दूक का रुख तेरी ओर
नहीं करेगा
बाकी पहरेदार भी
तुझसे अपरिचित नहीं होंगे
सारे के सारे बच्चे हैं खेतिहरों के

सच, मैं तो आसानी से बाहर आ गया !

हम दोनों हल्के-हल्के मुसकाये
परस्पर हमने हाथ मिलाया,
फिर दस का एक ताजा नोट
मेरी मुट्ठी में गोंजकर
वो फुसफुसाया—"प्लीज,
मेरी तरफ से चाय पी लेना
हम अच्छी तरह तुमको पिछाणते हैं
फौजी जरूर हैं मगर हमारे पास
दिल है
सरमायेदारों को हम माफ नहीं करेंगे
भगतसिंह ने क्या कहा था—
हम कभी नहीं भूल सकते !"

रा.प. भवन के महाविशाल
दक्षिणी गलियारे में पहले तो
टार्च की तेज रोशनी चमकी
फिर दूर से, बन्द गेट के पार
मिलिटरी वाला दिखलाई पड़ा
वो हाथ के इशारे से
मुझे बुला रहा था
मानों कोई पुराना मददगार
सही मार्ग दर्शन के लिए
आगे बढ़कर खड़ा है !

●●●